ANALISI DEL LIBRO

AF131994

La via di Swann

· · · · · · · · · · · · · · · · · ·

Marcel Proust

ANALISI DEL LIBRO

Scritto da Apolline Boulanger
Tradotto da Sara Rossi

La via di Swann

MARCEL PROUST

MARCEL PROUST

SCRITTORE FRANCESE

- **Data e luogo di nascita: Parigi, 1871**
- **Data e luogo di morte: Parigi, 1922**
- **Opere principali:**
    - *Piaceri e giorni* (1896), raccolta di poesie narrative e racconti brevi
    - *Alla ricerca del tempo perduto* (1913-1927), romanzo in sette volumi
    - *Contro Sainte-Beuve* (1954), raccolta di saggi e brani narrativi

Nato nel 1871, Marcel Proust è stato un importante scrittore francese del XX secolo. Vincitore del Prix Goncourt nel 1919, la sua grande opera, "Alla ricerca del tempo perduto" (1913-1927), segna il rinnovamento del romanzo. Cronaca di una società, quella della Belle Époque, descrizione delle intermittenze del cuore, riflessione estetica, filosofica e morale, quest'opera poliedrica ha stupito i suoi contemporanei e continua a essere oggetto di molti commenti.

LA VIA DI SWANN

AL CENTRO DEL MONDO PROUSTIANO

- **Genere:** romanzo
- **Edizione di riferimento:** Proust, M. (1992) *Alla ricerca del tempo perduto: La via di Swann*. Trans. Scott Moncrieff, C. e Kilmartin, T. Londra: Chatto and Windus.
- **Prima edizione:** 1913
- **Temi:** amore, gioventù, scrittura, tempo, società

Autopubblicato nel 1913, *"La via di Swann"* è il primo volume di *"Alla ricerca del tempo perduto"*. È composto da tre diverse sezioni. In "Combray", il narratore racconta i suoi ricordi d'infanzia, il suo attaccamento alla madre e le prime volte che lesse. Compaiono personaggi che avranno un ruolo di primo piano nel corso dell'opera, in particolare Swann. "Swann innamorato" ripercorre la vita passata di Swann e il suo amore geloso per Odette. Infine, "I nomi dei luoghi: il nome" è un sogno sui viaggi che il narratore vorrebbe fare, ma che la sua malattia gli impedisce di fare.

SINTESI

PRIMA PARTE – COMBRAY

Capitolo 1

- L'ora di andare a letto: il narratore, dopo una riflessione preliminare sul risveglio, il sonno e le abitudini, descrive i ricordi della sua infanzia a Combray. Parla, quindi, del dramma della nanna e dell'attesa ansiosa del bacio della madre, a cui è profondamente legato, della lanterna magica che proiettava sul muro i personaggi delle leggende, dei giorni e delle serate con la famiglia, delle visite di Charles Swann. Quest'ultimo è presentato sia come un vicino cordiale che come un uomo di mondo; capiamo, attraverso riferimenti velati, che ha un matrimonio infelice.

- Rievocazione di Combray: il capitolo si conclude con il famoso episodio della madeleine inzuppata nella tazza di tè che, attraverso il suo sapore, rievoca la Combray della sua infanzia nella mente del narratore che confronta la memoria involontaria, illustrata in questo passaggio, con la memoria volontaria, che fornisce solo ricordi parziali.

Capitolo 2

- Combray: prima vengono rappresentate la città, la sua chiesa, le abitudini della zia Léonie, la sua camera da letto e le sue conversazioni con Françoise, la cuoca e la cameriera. Poi entra in scena una serie di nuovi personaggi: Legrandin, ingegnere e artista dilettante che critica lo snobismo per poi esserne lui stesso colpevole qualche pagina dopo; lo zio Adolphe, che si scontra con la famiglia dopo aver presentato al narratore la dama in rosa, una cortigiana; Bloch, un amico del narratore, ma poco amato dalla propria famiglia e che finisce per essere bandito dalla casa, ecc. Attraverso Bloch, il narratore scopre le opere dello scrittore Bergotte. Viene anche a sapere che la figlia di Swann è amica dello scrittore, il che la rende molto interessante ai suoi occhi.

• La via di Swann: nei giorni di pioggia, la famiglia va a passeggiare vicino alla proprietà degli Swann. Il narratore vede da lontano Mademoiselle Swann ed è molto colpito da lei. Appaiono il compositore Vinteuil e sua figlia. L'amico di Mademoiselle Vinteuil si trasferisce da lei, danneggiando la reputazione delle due ragazze e spezzando il cuore del padre. Zia Léonie muore, così come Vinteuil. Durante le passeggiate in solitudine, il narratore sogna di baciare una contadina nel bosco: è la nascita del desiderio. Dalla finestra di Mademoiselle Vinteuil vede per caso una scena sadica.

• La via dei Guermantes: nelle giornate di sole, la famiglia attraversa il ponte per fare lunghe passeggiate lungo la Vivonne. Il narratore immagina conversazioni con Madame de Guermantes, la proprietaria del castello e rivela la sua passione per la scrittura creativa. L'alba segna il ritorno del narratore al suo tempo.

PARTE SECONDA – SWANN INNAMORATO

- Il "piccolo clan" dai Verdurin: Swann incontra Odette tramite un amico. Lei lo introduce nel salotto bohémien dei Verdurin, che Vinteuil, il dottor Cottard, sua moglie e un pittore anonimo frequentano con interesse. Swann, abituato a salotti più popolari, fa un'ottima impressione sui Verdurin. I suoi incontri con Odette diventano sempre più frequenti e la breve frase musicale della sonata che Vinteuil suona per gli assidui frequentatori del salone diventa "l'inno nazionale del loro amore" (p. 305). Nonostante tutto, Swann continua a uscire con una giovane operaia, fino al giorno in cui, non avendo visto Odette dai Verdurin, passa la serata a cercarla senza successo. Molto agitato, finisce per incontrarla per caso; la accompagna poi a casa sua e passa la notte con lei.

- L'amore di Swann: anche se il cattivo gusto di Odette e la sua dubbia reputazione non giustificano questo amore, esso continua a crescere. Poiché Swann non sa come Odette trascorra le sue giornate quando lui è assente, comincia a diventare geloso, soprattutto nei confronti del conte de Forcheville, nuovo favorito dei Verdurin da quando Swann stesso è caduto in disgrazia. Una sera, Odette congeda Swann perché dice di sentirsi poco bene. In seguito, Swann si insospettisce e crede di vedere una luce alla finestra di Odette: la sua gelosia è al culmine finché non si rende conto che la finestra illuminata è in realtà quella dei vicini. Odette inizia a mentire e i Verdurin, diventati definitivamente ostili a Swann, sono un ulteriore ostacolo ai loro incontri.

- La morte di un amore: Swann cerca di chiarire alcune voci che ha sentito sulla scarsa moralità di Odette. Mentre lei non cerca di cambiare lui, che si piega a tutti i suoi desideri, diventa irritabile e distante. Swann torna al mondo la cui familiarità lo conforta. A un ricevimento dato da Madame Saint-Euverte, tutto gli ricorda Odette, in particolare la piccola frase musicale della sonata di Vinteuil che viene suonata. Capisce che i sentimenti di Odette per lui non torneranno mai più. Dopo aver appreso che lei andrà in Egitto con Forcheville, riceve una lettera anonima in cui si afferma che Odette non è una donna virtuosa. La stessa giovane donna gli confessa la sua infedeltà, prima di partire per una lunga crociera con i Verdurin. Un anno dopo, Swann incontra Madame Cottard che gli assicura che Odette lo ama. Questa sicurezza blocca la gelosia di Swann, il cui amore si affievolisce e, gradualmente, lo abbandona.

PARTE TERZA – NOMI DI PAESI: IL NOME

- Sogni di viaggio: il narratore, la cui fragile salute gli ha impedito di viaggiare da bambino, racconta la sua fascinazione per i nomi dei luoghi; il suo desiderio di vedere Balbec, Venezia e Firenze è così grande che crea un doppio immaginario per ognuna di queste città, dedotto solo dal suono dei loro nomi o da ciò che è stato detto su di loro. Allo stesso modo, Berma, un'attrice che gli è stato proibito di vedere per non aggravare la sua fragilità, assume uno status mitico.

- Sugli Champs-Élysées: il giovane protagonista incontra Gilberte nel giardino vicino agli Champs-Élysées dove

Françoise lo porta a giocare. Il suo amore per lei si intensifica, è deluso quando non la vede e felice quando iniziano a conoscersi meglio. Attende una lettera d'amore da Gilberte, non ama più Bergotte perché le ricorda Gilberte e parla incessantemente di lei e di tutto ciò che la riguarda. Apprendiamo che Swann ha litigato con i genitori del narratore.

- Nel Bois de Boulogne: il narratore aspetta che Odette Swann, che possiede anche il fascino e il mistero di Gilberte, passi in macchina. Odette de Crécy, la cortigiana, è diventata Madame Swann, la moglie di un uomo con amici potenti e una donna elegante dagli abiti piacevoli. *La via di Swann* si conclude con il ricordo di una passeggiata nel bosco anni dopo, quando la moda è cambiata e le vecchie carrozze victoria (un veicolo scoperto su quattro ruote trainato da uno o più cavalli) sono state sostituite dalle automobili. Il narratore vede che la realtà che conosceva non esiste più e rimpiange la distinzione tra donne e uomini della sua infanzia.

STUDIO DEI PERSONAGGI

IL NARRATORE

Poiché *"La via di Swann"* copre diversi periodi della sua vita, egli è contemporaneamente l'adulto le cui riflessioni sull'arte, i sentimenti e le sensazioni sono diffuse in tutta l'opera, il ragazzo di Combray e lo studente di "Nomi di paesi". È un bambino sensibile, dalla salute fragile, che ama appassionatamente sua madre. Legge molto, si interessa di teatro, scrive poesie e sogna di viaggiare. Da Legrandin apprendiamo che ha "un'anima di rara qualità, una natura d'artista" (p. 93). Si innamora di Gilberte, che vede per la prima volta a Combray e che incontra per la prima volta sugli Champs-Élysées.

LA FAMIGLIA DEL NARRATORE

Il narratore proviene da una famiglia della classe media, un nido in cui è coccolato e felice. Il giovane narratore ama particolarmente la madre e la nonna. Il padre è un personaggio più distante, che rimane sullo sfondo. La zia Léonie, la prozia e il prozio Adolphe sono il pretesto per aneddoti e scoperte varie.

SWANN

Uomo di città dai capelli rossi, occhi verdi, baffi e monocolo, Swann è un uomo elegante e un delicato esteta che ha conoscenze nel mondo. Viene mostrato sotto diverse luci.

In "Combray", è il buon vicino che impedisce al giovane narratore di baciare la madre. Lo incontriamo in un'epoca precedente, in "Swann innamorato", in cui è innamorato di Odette e tormentato dalla gelosia. Infine, in "Nomi di luogo", non più in buoni rapporti con la famiglia del narratore, ha sposato Odette, dalla quale ha avuto un figlio. Swann, a causa del suo amore per Odette, ha vissuto un'angoscia simile a quella del narratore mentre aspettava il bacio della madre: questo parallelo spiega in parte la digressione della storia d'amore di Swann.

ODETTE

Quando incontra Swann, è una mantenuta di nome Odette de Crécy. Swann non nota la sua bellezza fino a quando non si rende conto che somiglia alla figlia di Jethro ne "*Le prove di Mosè*", un affresco di Botticelli (pittore italiano, 1445-1510). Odette "non è esattamente l'incarnazione della virtù o dell'intelletto" (p. 318), eppure Swann se ne innamora perdutamente. In "Nomi di paesi", Odette è diventata Madame Swann: questo matrimonio sconvolge la classe media, che si rifiuta di accettarla anche se è diventata una donna raffinata grazie al contatto con Swann.

IL SALOTTO DEI VERDURIN

Il salotto è composto dai Verdurin, una coppia benestante che si vanta della propria sensibilità artistica, e dai suoi mutevoli frequentatori: tra gli altri, Cottard, un medico il cui intelletto non stupisce; Vinteuil, il cui breve motivo musicale simboleggia l'amore tra Odette e Swann; Elstir, il pittore;

Brichot, un pomposo professore della Sorbona e Odette. È in questo salotto che Swann, prima di esserne escluso, trascorre i primi momenti con Odette.

GILBERTE

Gilberte è la figlia di Swann e Odette di cui il narratore si innamora. Rossa di capelli, vivace e irriverente (da bambina, quando vede il narratore per la prima volta, gli fa un gesto osceno), non si piega affatto alle sue aspettative romantiche. Al contrario, gli offre volentieri la sua amicizia e gli regala un marmo e un libretto di Bergotte su Racine (poeta tragico francese, 1639-1699).

ANALISI

UN ROMANZO MODERNO

- Editori dubbiosi: quando Proust inviò il suo manoscritto agli editori nel 1912, questi non ne furono entusiasti. Il commento di Alfred Humblot, direttore della casa editrice Ollendorff, riassume i loro sentimenti: "Non riesco a capire perché un uomo dedichi trenta pagine a descrivere come si rigira nel letto prima di addormentarsi" (de Robert, 1989, citato in McDonald e Proulx, 2015). Proust fu criticato per il suo stile di scrittura confuso e sconclusionato e per aver perso il lettore in infinite digressioni. Lo stesso André Gide (scrittore francese, 1869-1951), della *Nouvelle Revue Française* ("*Nuova Rivista Francese*"), rifiutò il manoscritto, cosa di cui si sarebbe pentito amaramente in seguito.

- Uno stile nuovo: tuttavia, lo stile proustiano che venne così ampiamente criticato segnò un nuovo stile, uno stile che è attualmente considerato uno dei più belli della lingua francese. La complessità, ma anche la bellezza dell'espressione proustiana risiede nella sua lunghezza, nel flusso di clausole relative e nelle apposizioni che le danno ritmo. L'espressione di Proust crea i propri lettori, cioè fa sì che il lettore si adatti alle sue cadenze e al suo vocabolario; attraendolo con frasi eleganti, lo rende attento, lo cattura – o lo fa prigioniero; si avvolge intorno al lettore, come se racchiudesse il mondo "nel cerchio del bello stile" (Proust, *Tempo ritrovato*).

- Un'ambizione letteraria moderna: Proust creò un nuovo stile perché aveva bisogno di un modo per catturare le sue "intermittenze del cuore" (uno dei primi titoli rifiutati da Proust per "Alla *ricerca del tempo perduto*"). Prima di Proust, gli scrittori raccontavano una storia, come Balzac (scrittore francese, 1799-1850) o dipingevano un ritratto psicologico, come Benjamin Constant (scrittore francese, 1767-1830). Proust, tuttavia, non creò un mondo, a differenza di Balzac: riscoprì un mondo perduto. La trama lascia il posto alle impressioni e alle sensazioni del protagonista.

PUNTI DI VISTA

- L'ambiguità narratore/personaggio principale: l'io che racconta la storia ne *"La via di Swann"* è sia il narratore che il personaggio principale. A causa di questa ambiguità, a volte è difficile distinguere il punto di vista del narratore adulto da quello del personaggio principale. Finora abbiamo usato il termine "narratore" in modo indifferente.

- L'eroe-narratore: in genere, è il punto di vista del giovane eroe a dominare la storia. Egli osserva il mondo che lo circonda, con tutte le sue incertezze contemporanee, che gli impediscono di sapere cosa succede nella mente degli altri personaggi. Gli atteggiamenti di Gilberte, ad esempio, sono enigmatici agli occhi del protagonista, combattuto tra speranza e tormento: a volte sembra voler offrire amicizia, a volte sembra provare nei suoi confronti solo una gentile indifferenza. Egli si limita, quindi, a fare delle supposizioni.

- Il narratore adulto: la storia si concentra a volte sul narratore adulto, che commenta ironicamente un'azione del protagonista o esprime la sua nostalgia per il passato, ad esempio, alla fine del romanzo quando cita con rammarico l'antica eleganza delle persone che passeggiavano nel Bois de Boulogne.

- Il narratore onnisciente: il narratore può anche diventare temporaneamente onnisciente, come in "Combray", in cui leggiamo le parole scambiate da Françoise e zia Léonie mentre il protagonista è a messa. In "Swann innamorato", il narratore rinuncia completamente alla sua posizione soggettiva, non identificandosi più con il protagonista, poiché racconta eventi avvenuti prima della sua nascita.

- Un processo moderno: *"La via di Swann"*, quindi, presenta schematicamente tre diversi punti di vista: il narratore adulto, l'eroe e gli altri personaggi, resi possibili da un narratore onnisciente. Dobbiamo sottolineare la modernità di questo processo, che sfida l'illusione realista a cui molti romanzi si limitavano ancora all'epoca di Proust.

AUTOBIOGRAFIA O FICTION?

- Autore e narratore: se la distinzione tra narratore e personaggio principale è ambigua, lo è altrettanto la linea che separa il narratore dall'autore. Le lettere e le bozze di Proust potrebbero far pensare che alcuni nomi propri siano stati semplicemente trascritti: Combray sarebbe, quindi, una riproduzione letteraria di Illiers, dove Proust andò in vacanza da ragazzo e Charles Swann sarebbe l'alter ego fittizio di Charles Haas, un membro dell'élite che Proust ammirava.

- Dalla vita all'opera: non siamo però troppo precipitosi nello stabilire collegamenti. Proust, in *"Jean Santeui"l* (1952), scrive:

> *"... quali sono le relazioni segrete, le metamorfosi necessarie, che esistono tra la vita di uno scrittore e la sua opera, tra la realtà e l'arte, o, piuttosto [...] tra le apparenze della vita e la realtà stessa che ne costituisce lo sfondo durevole e che l'arte ha svelato" (Proust,* Jean Santueil, 1985: 18).

Gli uomini e le donne che Proust conosceva posavano per lui come un modello posa per un pittore: li usava come base per i suoi personaggi, ma non c'era una trasposizione diretta dalla vita all'opera. Alcuni personaggi furono ispirati da più persone, da innumerevoli ricordi che Proust riunì in un solo personaggio.

- La vita reale è letteratura: l'opera, anche se ha come soggetto la vita, non è, quindi, una copia di essa. Tutto è stato analizzato, riordinato e ricostruito per rendere l'opera "la nostra vera vita, la nostra vera vita finalmente rivelata e illuminata, l'unica vita che si vive veramente" (Proust, *Tempo ritrovato*).

IL "MONDO" DI PROUST

Ne *"La via di Swann"*, Proust ci offre non solo una sottile analisi delle passioni umane, ma anche una stupefacente descrizione della società borghese e aristocratica del suo tempo.

- L'amore in Proust: come suggerisce il titolo poi rifiutato "Intermittenze del cuore", uno dei temi principali della letteratura proustiana e de *"La via di Swann"* in particolare, è l'amore: inizialmente l'amore possessivo di Swann per Odette, poi quello del protagonista per Gilberte. In entrambi gli episodi, vediamo la passione romantica prendere forma come in tutta l'opera: gelosa, imprevedibile e dolorosa. L'oggetto dell'amore è opaco e inaccessibile: il testo ci presenta i pensieri e i sentimenti degli amanti, ma raramente quelli di Odette e Gilberte. Non siamo mai sicuri che l'amore sia ricambiato. Così, nella terza sezione, l'eroe dice: "nella mia amicizia con Gilberte, ero io solo ad amare" (*"La via di Swann"*, p. 560). Inoltre, l'amore di Swann per Odette prefigura quello del protagonista per Albertine, più avanti ne *"Alla ricerca del tempo perduto"*: Albertine condivide con Odette la passione per le donne e la tendenza a mentire. L'amore nasce, insieme alla gelosia e al dolore, dall'impossibilità di possedere completamente la persona amata, che sfugge all'amante anche quando è imprigionata, come Albertine ne *"Il prigioniero"*.

- Un mondo gerarchico: l'universo sociale in cui si evolve il nostro eroe è stratificato, il che è per lui fonte di ansia e di sogni sconfinati. I suoi genitori appartengono alla borghesia, che si offese molto per il matrimonio improprio di Swann con una cortigiana, ma il nostro protagonista non è meno affascinato da Odette e innamorato di sua figlia. Ha anche soggezione del nome nobile dei Guermantes, che è il pretesto per avventure immaginarie a Combray.

- Le relazioni sociali rese ridicole: Proust, che frequentava spesso i salotti, si fa volentieri beffe dello snobismo e della vacuità intellettuale che vi regnava e che egli ricrea nella sua opera. L'ignoranza dei Verdurin è messa in evidenza quando giudicano duramente Swann, nonostante abbia più gusto e finezza di tutti gli altri frequentatori del loro salotto. Legrandin diventa ridicolo quando un giorno fa girare la testa perché accompagnato da un parente popolare.

Legrandin è un pettegolo, un adulatore sicofante di coloro che vuole impressionare, consumato dall'ambizione di farsi strada nella società e motivato dal desiderio di essere accettato dall'aristocrazia. Egli spinge questo desiderio fino a farsi chiamare "Comte de Méséglise" alla fine de *Il fuggitivo*, trasformando opportunisticamente l'origine geografica in un titolo di vergogna, con cui sarà comunque conosciuto dalle generazioni successive. La critica allo snobismo assume anche altre forme nell'opera: le usanze dei salotti sono descritte minuziosamente e descritte con derisione e arguzia ne *La via dei Guermantes*; Gilberte è emarginata dalla società durante la giovinezza a causa della reputazione della madre, ma diventa Mademoiselle de Forcheville quando Odette si risposa e lei taglia i ponti con Swann per avere finalmente accesso ad ambienti che prima le erano preclusi.

- Personaggi di riferimento: alcuni dei personaggi di Proust finiscono per rappresentare una tipologia sociale, come il Rastignac di Balzac, un uomo intraprendente con grandi ambizioni: Swann è diventato il personaggio tipo della supremazia sociale e Madame Verdurin quello di una mecenate invadente.

ULTERIORI RIFLESSIONI

ALCUNE DOMANDE SU CUI RIFLETTERE...

- Perché il narratore dedica tanto tempo alla storia d'amore di Swann, avvenuta anni prima della nascita del protagonista?

- In che misura e come Proust prende in giro la vita del salotto e i suoi arrampicatori sociali nel romanzo? Fornite degli esempi.

- *"La via di Swann"* racconta almeno due storie di amore: quella di Swann per Odette e quella del protagonista per Gilberte. Quali sono le caratteristiche dell'amore proustiano?

- *"La via di Swann"* può essere considerato un romanzo autobiografico?

- Proust era molto deciso a scegliere il titolo *"La via di Swann"*, nonostante le raccomandazioni dell'amico Louis de Robert, che avrebbe preferito cambiarlo. Perché scelse questo titolo nonostante tutto?

- Perché i critici ritengono che la pubblicazione de *"La via di Swann"* segni l'avvento del romanzo moderno?

- Secondo voi, come sarebbe possibile riprodurre lo stile prolifico e prezioso di questo romanzo in un adattamento cinematografico?

- In "Combray", Proust scrive quanto segue:

"*E così è per il nostro passato. È un lavoro vano cercare di recuperarlo: tutti gli sforzi del nostro intelletto devono rivelarsi inutili. Il passato è nascosto da qualche parte fuori dal regno, al di là della portata dell'intelletto, in qualche oggetto materiale (nella sensazione che quell'oggetto materiale ci darà) di cui non abbiamo alcun sentore*" (p. 60).

Spiegatelo con esempi tratti dal lavoro.

ULTERIORI LETTURE

EDIZIONE DI RIFERIMENTO

Proust, M. (1992) *Alla ricerca del tempo perduto: La via di Swann.* Trans. Scott Moncrieff, C. e Kilmartin, T. Londra: Chatto and Windus.

STUDI DI RIFERIMENTO

De Robert, L. (1989) Comment débuta Proust. *Du côté de chez Swann.* Parigi: Gallimard.

McDonald, C. e Proulx, F. eds. (2015) *Proust and the Arts.* Cambridge: Cambridge University Press.

Proust, M. (1985) *Jean Santeuil.* Trans. Hopkins, G. Harmondsworth: Penguin.

Proust, M. (2003) *Il dolce imbroglio.* Trans. Scott Moncrieff, C. [Online]. Progetto Gutenberg. [Accessed 18 October 2016]. Disponibile da: <http://gutenberg.net.au/ebooks03/0300541.txt>

Proust, M. (2003) *Il tempo ritrovato.* Trans. Hudson, S. [Online]. Progetto Gutenberg. [Accessed 18 October 2016]. Disponibile da: <http://gutenberg.net.au/ebooks03/0300691.txt>

ADATTAMENTI

Swann in Love (1984) [Film]. Volker Schlöndorff. Dir. Parigi: Les Films du Losange.

Vogliamo sapere da voi!
Lasciate un commento sulla vostra biblioteca online
e condividete i vostri libri preferiti sui social media!

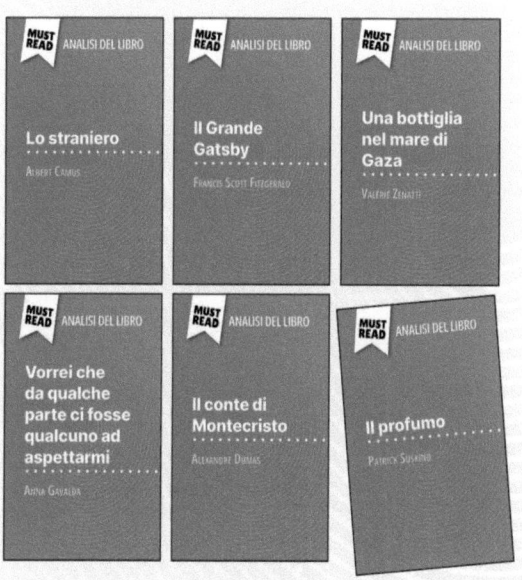

www.50minutes.com

Master ISBN: 9782808690287
ISBN cartaceo: 9782808611688
Deposito legale: D/2023/12603/1448

Copertura: © Primento

Concezione digitale a cura di Primento, il partner digitale degli editori.